Lesenlernen mit der Maus
Meine schönsten Abenteuergeschichten

Bibliografische Information der Deutschen Nationalbibliothek
Die Deutsche Nationalbibliothek verzeichnet diese Publikation
in der Deutschen Nationalbibliografie; detaillierte bibliografische
Daten sind im Internet über http://dnb.d-nb.de abrufbar.

5 4 3 2 1   14 13 12 11

© 2011 arsEdition GmbH, München
Alle Rechte vorbehalten

© I. Schmitt-Menzel/Friedrich Streich/WDR mediagroup
licensing GmbH
Die Sendung mit der Maus ® WDR

Text: Jörg Meier, Claudia Ondracek, Ursel Scheffler,
Henriette Wich
Innenillustrationen: Hannes Gerber, Dagmar Henze,
Laurence Satin, Dorothea Tust
Mäuse auf Rätselseite 168–169: © karika – Fotolia.com
Coverillustration: Laurence Satin

ISBN 978-3-7607-6853-3

www.arsedition.de

Lesenlernen mit der Maus

Meine schönsten
Abenteuergeschichten

arsEdition

Liebe Eltern,

Lesen macht Spaß und Lesenlernen ebenso! Besonders, wenn die Maus, der Elefant und die Ente Ihr Kind dabei begleiten.

Kurze Geschichten mit vielen bunten Bildern regen die Fantasie an und ermutigen zum selbstständigen Lesen. Gehen Sie gemeinsam mit Ihrem Kind auf eine Reise in eine Welt voller aufregender Geschichten! Diese spiegeln mit den Themen Freundschaft, Mut, Geburtstag und Schule den Kinderalltag wider und laden dazu ein, weiterzudenken, Fragen zu stellen und von eigenen Erlebnissen zu erzählen.

Lesen ist Abenteuer, will aber auch geübt sein!
Die Maus und ihre Freunde helfen Ihrem Kind dabei, kleine Schwierigkeiten beim Lesenlernen zu überwinden. Interessante Sachinfos, abwechslungsreiche Inhaltsfragen und knifflige Rätsel lockern die Geschichten auf und machen das Lesen zu einem besonderen Erlebnis.

Spannende Sachinformationen mit der Maus ergänzen die Geschichten und regen zum Nachfragen und Nachdenken an.

Konkrete Inhaltsfragen mit dem Elefanten ermutigen zum Erzählen und Beschreiben und fördern so das Textverständnis.

Lustige Rätsel mit der Ente am Ende jeder Geschichte fördern die Konzentration und machen Spaß.

Ermutigen Sie Ihr Kind dazu, zuzuhören und selbst zu lesen. Nutzen Sie die eingebauten Kästen mit der Maus, dem Elefanten und der Ente, um über das Gelesene zu sprechen.
Mit der Maus und ihren Freunden fällt es leicht, die großen und kleinen Hürden auf dem Weg zum Lesen zu überwinden!

Wir wünschen Ihnen und Ihrem Kind viel Spaß beim Lesenlernen mit der Maus!

Inhalt

Auf in die Piratenschule

Kleine Detektivgeschichten

Die Vampirzwillinge

Drei furchtlose Räuber

Claudia Ondracek

Auf in die Piratenschule

Mit Bildern von Laurence Sartin

Heute schon geflucht?

Die kleinen Piraten
schlurfen müde
aufs Schulschiff.
„Na, mit euch lahmen Enten
ist kein Schiff zu kapern!",
begrüßt sie Kapitän Schiel-Auge.
Die kleinen Piraten
wundern sich.

Wieso hat ihr Lehrer
nur so schlechte Laune?
„Ratet mal,
was wir heute üben,
ihr x-beinigen Rotzlöffel!",
sagt Kapitän Schiel-Auge.

Kapitän:
Ein Kapitän ist der Führer eines
Schiffes. Er ist verantwortlich dafür,
dass die Mannschaft auf dem Schiff
alles richtig macht.

Wieso raten?
Deutsch steht doch
auf dem Stundenplan.

Schiel-Auge schüttelt den Kopf:
„Was mache ich denn gerade,
ihr faulen Windbeutel?"
„Schlechte Laune haben",
kichert Söckchen.
„Quatsch", sagt der Lehrer.
„Schimpfen", sagt Lunte.

Kapitän Schiel-Auge grinst:
„Würde euch nicht schaden!
Verdammt und zugenäht,
strengt eure Holzköpfe
doch mal an!"
„Wieso fluchst du denn so?",
fragt Pfeffersack.

Der Lehrer klatscht
in die Hände:
„Endlich hat's einer kapiert.
Wir fluchen!"

Was macht Kapitän
Schiel-Auge gerade?

Die kleinen Piraten
können es nicht fassen.

Schiel-Auge wird ungeduldig
und brüllt: „Donnerkeil,
fällt euch denn nichts ein?"

Das lassen sich
die kleinen Piraten
nicht zweimal sagen.

Begeistert rufen sie durcheinander:
„Verwurmtes Holzbein!"
„Schimmliger Fischkopf!"
„Rostige Hakenhand!"
„Feiger Waschlappen!"

So eine schöne Schulstunde
hatten sie noch nie!

Lösung: grünes Kopftuch, Schwert, Gürtelschnalle, Rock, Totenkopf auf T-Shirt

Die Dreck-Schlacht

„Heute könnt ihr zeigen,
wie sportlich ihr seid",
sagt Kapitän Schiel-Auge.
„Wir üben nämlich entern."

„Wozu denn das?",
mault Schwarz-Zahn.
„Auf dem Meer schippern
doch nur noch Fischkutter
und Bananendampfer herum.
Wertvolle Schätze
werden sowieso geflogen!"

Entern:
Ein Schiff entern ist das Gleiche, wie ein
Schiff zu überfallen und im Kampf zu
erobern. Das machen Piraten, wenn sie
auf See fremde Schiffe angreifen.

„Du bist nur zu faul",
lacht der Lehrer.
Er schwingt sich
auf ein kleines Holzboot,
das neben dem Schulschiff
im seichten Wasser liegt.

„Los, Radau, probier du es!",
ruft Kapitän Schiel-Auge.

21

Radau klettert auf die Reling.
„Oje, das Holzboot ist
ganz schön weit weg",
murmelt er.
Seine Knie zittern.

„Fang du an!",
sagt er zu Lunte.
„In meinem Gummistiefel
ist ein Stein."

Der schnappt sich ein Tau
und springt.

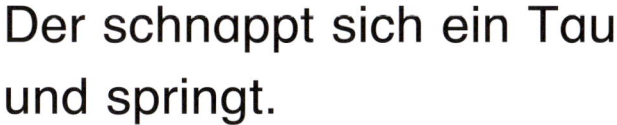

Warum will Radau nicht
zuerst das Seil nehmen
und auf das andere
Schiff springen?

Aber sein Schwung
reicht nicht bis zum Holzboot.

Wie ein nasser Sandsack
baumelt Lunte
am Tau hin und her.

„Was soll ich jetzt nur tun?",
jammert er.

„Warte, ich rette dich!",
ruft Pfeffersack.

„Nein, ich helfe ihm",
schreit Kapitän Schiel-Auge.

Tau:
Seeleute, also auch Piraten, nennen ein
gedrehtes oder geflochtenes Seil Tau.

Aber Pfeffersack
nimmt schon Anlauf.
Mit einer Hand hält
sie sich am Tau fest.
Die andere streckt sie
Lunte entgegen.

Der greift danach ...

Platsch!
Beide fallen ins Wasser.
„Schaut mal,
zwei richtig fette Wasserratten",
lästert Söckchen.
Die kleinen Piraten kichern.

Aber Pfeffersack und Lunte
lassen sich nicht auslachen.

Flatsch! Flatsch!
Schon bekommt Söckchen
zwei Ladungen Schlamm ab.

„Na wartet",
brüllt Söckchen wütend und
schnappt sich einen Fischkopf.

Warum bekommt Söckchen
zwei Ladungen Schlamm ab?

27

„Hört sofort auf!",
schreit Kapitän Schiel-Auge.

„Wieso?",
ruft Söckchen und zielt.
„Wer ein Schiff entert,
muss auch kämpfen können!
Auf zur Dreck-Schlacht, Leute!"

Piraten:
Piraten sind Seeleute, die mit ihren Schiffen andere Schiffe überfallen, um das Gold und die Schätze zu stehlen, die sie auf dem geenterten Schiff finden können.

Auf dem Bild hat sich ein Diamantring versteckt. Kannst du ihn finden?

Lösung: Der Ring liegt zwischen den Steinen.

Wer findet den Schatz?

Die kleinen Piraten stehen
mit Rucksäcken am Strand.

„Eine Schaufel hab ich!
Aber wozu brauchen
wir die denn?",
fragt Schwarz-Zahn neugierig.

„Warte ab!",
lacht Schiel-Auge und holt
eine Rolle Papier hervor.

„Das ist eine Schatzkarte",
erklärt der Lehrer.
„Die muss ein Pirat
lesen können.
Nun zeigt mal,
ob ihr richtige Piraten seid
und den Schatz findet!"

Schatzkarte:
Auf einer Schatzkarte ist eingezeichnet,
wo sich ein Schatz versteckt. Oft ähnelt
sie einer Landkarte.

Aufgeregt beugen sich
die kleinen Piraten
über die Karte.

„Hier bei den Palmen
stehen wir",
sagt Pfeffersack.

„Und hier lang müssen wir",
ruft Radau und zeigt
auf einen hohen Felsen.

Die kleinen Piraten
rennen begeistert los.

„Da ist der große Baum",
sagt Lunte eifrig.
„Hier müssen wir
in den Wald abbiegen!"

„Aber auf der Karte hat
der Baum doch Nadeln
und keine Blätter",
murmelt Schiel-Auge leise.

„Juhu", ruft Pfeffersack.
„Wir nähern uns dem Schatz!"

Bald stehen sie
auf einer Lichtung.

Wo müssen die kleinen Piraten
in dem Wald abbiegen, um den
Schatz zu finden? Erzähle.

„Wir müssen weiter
Richtung Osten",
sagt Söckchen und
kratzt sich am Kopf.

„Osten ist da,
wo die Sonne
hoch oben steht",
ruft Radau.

„Oh nein",
murmelt der Lehrer,
„im Osten geht die Sonne auf.
Tagsüber steht sie im Süden!"

Himmelsrichtungen:
Osten ist dort, wo die Sonne aufgeht. Im Süden nimmt sie ihren Lauf, im Westen wird sie untergehen, im Norden ist sie nie zu sehen.

Schwarz-Zahn schaut
noch einmal auf die Karte:
„Da, wo der Bach
eine Kurve nach links macht,
steht ein stacheliger Busch."

„Da ist er", ruft Pfeffersack.
„Hier müssen wir buddeln!"
Schwarz-Zahn gräbt
wild mit der Schaufel.

Die anderen Piraten
helfen mit den Händen.
„Eine Schatztruhe",
jubelt Söckchen.

Zusammen heben sie
die Truhe aus dem Loch.
Sie öffnen den Deckel.

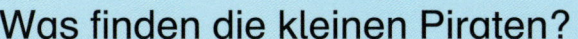

Was finden die kleinen Piraten?

In der Sonne
funkeln bunte Edelsteine!

„Wie schön!",
rufen die kleinen Piraten.

„D...das gibt's d...doch nicht!",
stottert Schiel-Auge fassungslos.
„Hier habe ich nichts versteckt.
Das ist ein echter Schatz!"

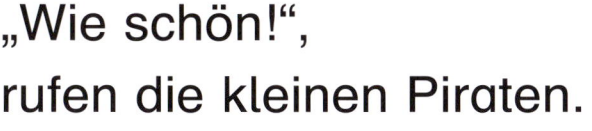

Hier versteckt sich etwas, das bestimmt nicht in eine Schatztruhe gehört. Findest du es?

Lösung: Ein rosa Stiefel gehört nicht in eine Schatztruhe.

Letzte Mahlzeit

Die kleinen Piraten
sind furchtbar aufgeregt.
Heute schlafen sie
zum ersten Mal unter Deck.
In Hängematten.

Und ganz allein!
Schiel-Auge bleibt oben
auf dem Schulschiff.

Der Lehrer ruft
zu ihnen hinunter:
„Es ist Zeit zu schlafen.
Sonst seid ihr noch
zur Geisterstunde
vom Kopflosen John wach!"

„Geisterstunde?",
fragt Pfeffersack entsetzt.

„Glaub doch nicht jeden Mist",
sagt Söckchen genervt.

Langsam werden
die kleinen Piraten still.
Aber hat es da nicht geknarrt?
Und was knackt denn da?

„Oh, ist das laut",
murmelt Lunte.

„Und unheimlich!",
flüstert Schwarz-Zahn.
„Psst, seid mal ruhig",
zischt Radau.
„Da war was!"

Geisterstunde:
Die Geisterstunde beginnt um 12 Uhr nachts und endet um 1 Uhr morgens. Zu dieser Stunde geistern Gespenster und andere gruselige Wesen vorwiegend an unheimlichen Orten wie Burgruinen und Friedhöfen herum.

Die kleinen Piraten lauschen.
Richtig, da pocht etwas
hinten am Schulschiff.
Was mag das nur sein?

„Das ist bestimmt
der Kopflose John",
raunt Schwarz-Zahn zitternd.

Warum haben die kleinen
Piraten Angst? Erzähle.

Söckchen zündet
eine Kerze an.
Da pocht es wieder.

„Wir müssen nachschauen",
flüstert Radau.
„Wer geht freiwillig?"

Keiner traut sich.
Deshalb losen sie.
Lunte und Söckchen
müssen an Deck.

Sie laufen zur Leiter.
Plötzlich scheppert es.

„Der Kopflose John!",
ruft Pfeffersack und
klettert zu Schwarz-Zahn
in die Hängematte.

„Quatsch!", stöhnt Lunte.
„Ich bin über den Pinkeleimer
gestolpert!"

Lunte und Söckchen
schleichen an die Reling.

Reling:
Die Reling ist das Geländer auf einem
Schiff und sorgt dafür, dass niemand ins
Wasser fällt.

„Vielleicht sind es
auch nur die Wellen",
flüstert Söckchen.
„Es ist gerade Flut!"

Sie schauen ins Meer.
Der Mond scheint hell.
Da bewegt sich ein Schatten.

Eine spitze Flosse taucht auf.
Und dann ein Maul
mit scharfen Zähnen.

Lunte seufzt erleichtert auf:
„Buh, das ist nur Hardy,
mein zahmer Hai.
Ich hab doch glatt vergessen,
ihn heute früh zu füttern!"

Wie viele Sterne siehst du auf der gesamten Doppelseite? Zähle nach.

Lösung: 16

Jörg Meier

Kleine Detektivgeschichten

Mit Bildern von Dagmar Henze

Angeschmiert

Laura Lupe ist Detektivin.
Sie ist klug.
Sie ist schnell.
Und sie kann Judo.
Laura Lupe ist
ziemlich mutig.

Judo:
Judo ist eine japanische Kampfsportart
zur Selbstverteidigung. Man lernt
Angriffe abzuwehren, ohne den Gegner
zu verletzen, insbesondere durch
Würfe. Der Zweikampf ist ein Spiel aus
Ausweich- und Abwehrtechniken sowie
Gegenangriffen.

Es klingelt an der Tür.
Laura Lupe macht auf.
Es ist Teresa.
Sie ist sehr wütend.

„Mein Fahrrad ist
schon wieder weg",
schimpft sie.
„Bitte, hilf mir!"

„Wir suchen erst mal
in der Nähe",
sagt Laura Lupe.
„Los, komm!"

Wo finden die
beiden das Rad?

Sie finden das Rad
im Gebüsch beim Spielplatz.

„Immer klauen sie mir mein Rad.
Nur weil ich kein Schloss habe.
Die finden das wohl lustig",
klagt Teresa.

„Wer klaut dein Rad?",
fragt Laura Lupe.
„Einer der Jungs von nebenan",
sagt Teresa.

„Bist du sicher?",
fragt Laura Lupe.
„Nein, nicht ganz",
antwortet Teresa.
Laura Lupe denkt nach.

Dann sagt sie:
„Leihst du mir dein Rad?"
„Klar", sagt Teresa.

Sattel:
Das dreieckige Teil, auf dem man beim Fahrrad sitzt, nennt sich Sattel. Er ist dazu da, einem beim Radfahren Halt zu geben und in verschiedenen Positionen (höher oder niedriger) auf dem Fahrrad zu sitzen.

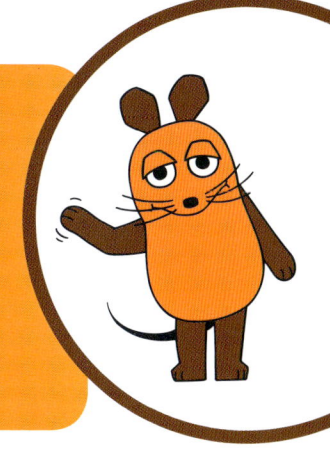

Laura Lupe schiebt das Fahrrad
nach Hause.
Sie holt Farbe
und malt ein rotes Kreuz
auf den Sattel.
Dann stellt sie das Rad
vor Teresas Haus.

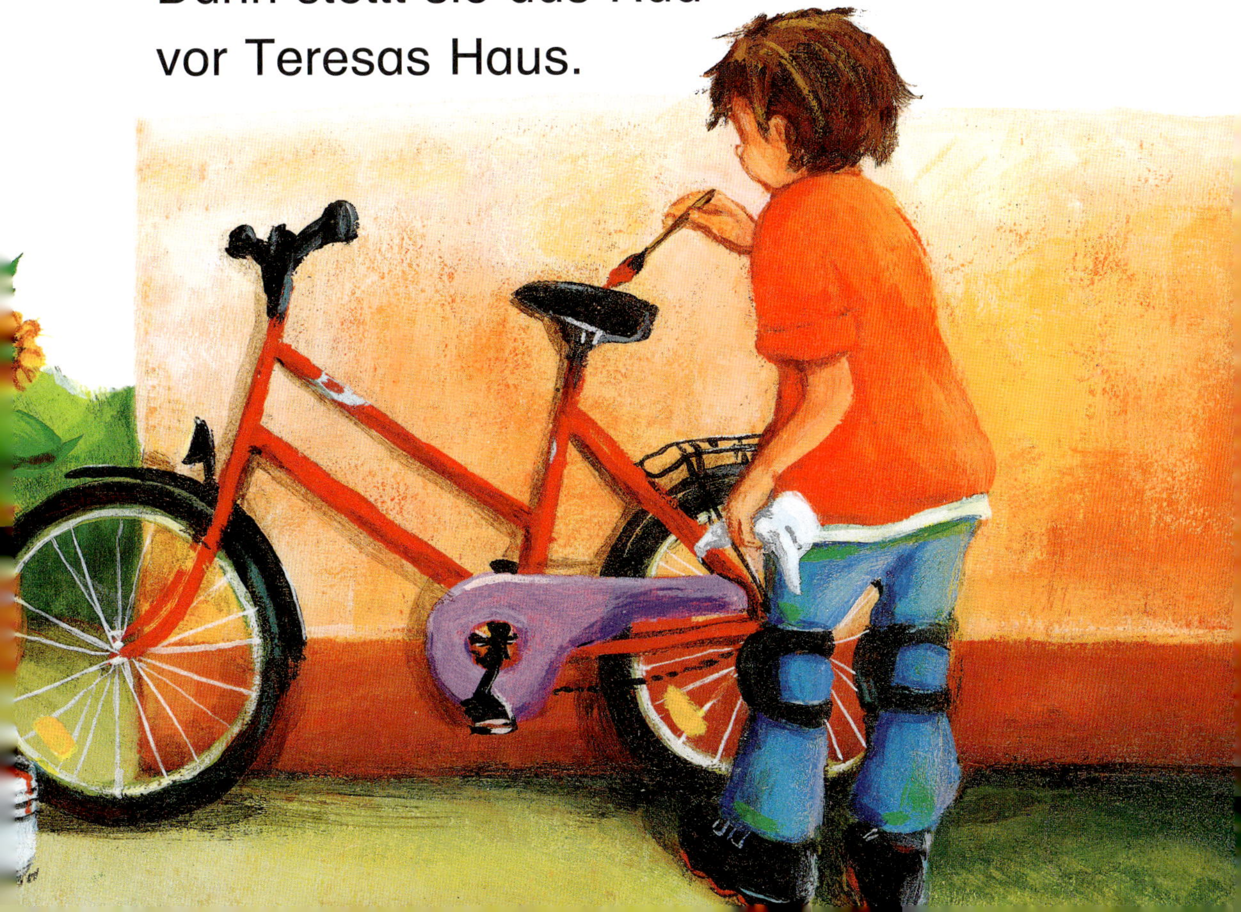

Da kommt Teresa angerannt.
„Mein Fahrrad ist
schon wieder weg!", ruft sie.
„Komm mit",
sagt Laura zu Teresa.
Auf der Wiese spielen
die Jungs von nebenan Fußball.
Laura Lupe und Teresa
verstecken sich.
Sie schauen den Jungs zu.
Plötzlich sagt Laura Lupe:
„Jetzt weiß ich,
wer dir immer dein Rad klaut."

„Wer denn?",
fragt Teresa erstaunt.
„Schau genau hin",
sagt Laura Lupe.
Sie gibt Teresa ihr Fernglas.
Teresa beobachtet die Jungs.
Wer von ihnen
kann der Dieb sein?

Auf einmal
lacht Teresa laut.
„Klar!
Jetzt weiß ich auch,
wer der Dieb ist",
ruft sie.

Auf dem Spielplatz spielen viele Kinder. Zähle, wie viele es sind.

Lösung: Es sind sechs Kinder.

Herr Kleiner in Not

Seltsam,
denkt Detektivin Laura Lupe.
Herr Kleiner hat
den Briefkasten nicht geleert.
Gestern nicht.
Und heute auch nicht.

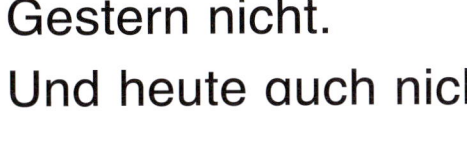

Herr Kleiner wohnt im dritten
Stock.
Er ist schon sehr alt.
Jeden Tag
steht er auf dem Balkon.
Er schaut den Kindern
beim Spielen zu.

Doch gestern
war er nicht auf dem Balkon.
Und heute auch nicht.

Da stimmt was nicht,
denkt Detektivin Laura Lupe.
Sie klingelt bei Herrn Kleiner.
Einmal. Zweimal. Dreimal.
Aber nichts geschieht.

Detektiv:
Ein Detektiv ist jemand, der versucht,
zum Beispiel einen Diebstahl oder
andere Verbrechen aufzuklären und
herauszufinden, wer dahintersteckt.

„Hallo, Herr Kleiner,
ich bin es, Laura Lupe",
ruft sie.
Doch Herr Kleiner öffnet nicht.

Da rennt Laura Lupe
zum Hausmeister.
„Bitte kommen Sie sofort.
Herr Kleiner öffnet nicht",
sagt Laura Lupe.

„Vielleicht ist er verreist",
sagt der Hausmeister.
„Ist er nicht.
Das hätte er mir erzählt",
sagt Laura Lupe.

Warum möchte
Laura Lupe, dass der
Hausmeister kommt?

Jetzt fährt der Hausmeister
mit ihr in den dritten Stock.
Er öffnet Herrn Kleiners Wohnung
mit seinem Schlüssel.

Herr Kleiner liegt
auf dem Sofa in der Stube.
Er sieht krank aus.

„Keine Sorge,
es ist nur eine Grippe.
Aber ich bin so schwach.
Ich kann kaum aufstehen",
flüstert er.

„Das brauchen Sie auch nicht.
Ich kaufe für Sie ein",
sagt Laura Lupe.

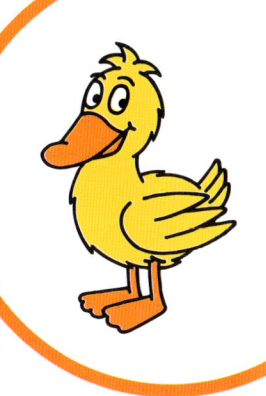

Kannst du erkennen, was Laura Lupe für Herrn Kleiner eingekauft hat? Zähle auf.

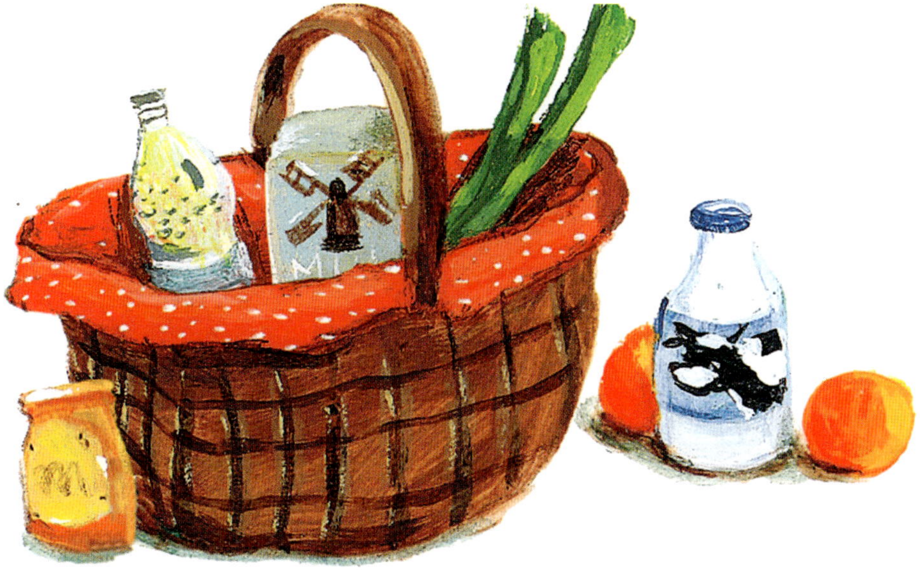

Lösung: Marmelade, Mehl, Mineralwasser, Lauch, Milch, Orangen

Alle gegen Ali

Klirr! Im Garten
liegen tausend kleine Scherben.
Die Scheibe ist kaputt.

Lothar rennt aus dem Haus.
„Das war Ali!", ruft er laut.
„Er hat den Ball
in unsere Scheibe geknallt."

Gegenüber steht Ali
mit seinem Basketball.

Erschrocken guckt er
die kaputte Scheibe an.

Basketball ist eine Ballsportart, bei
der zwei Mannschaften versuchen,
den Spielball in die beiden
gegenüberliegenden Körbe am Ende des
Spielfeldes zu werfen.

Schon kommt Lothars Mutter
aus dem Haus.
Sie eilt zu Ali
und schimpft mit ihm.

„Ich war es nicht",
sagt Ali.
„Ich habe die Scheibe
nicht kaputt gemacht."
Doch Lothars Mutter
glaubt Ali nicht.
Denn Ali macht immer
viel Blödsinn.

„Aber ich war es wirklich nicht."
Ali weint.
„In der Schule hat Ali
auch eine Scheibe eingeschlagen",
sagt Lothar.

Da kommt Laura Lupe.
Sie hört zu.
Sie schaut sich
die Scherben genau an und
denkt nach.
Dann fragt sie Lothar:
„War Ali bei dir im Haus?"
„Nein",
antwortet Lothar.

Warum weint Ali? Erzähle.

„Dann hat Ali die Scheibe
nicht eingeschlagen",
sagt Laura Lupe.

„Schaut euch doch
mal die Scherben an!
Sie liegen im Gras.
Also ist der Ball
aus dem Haus
in den Garten geflogen.
Und nicht andersrum.
Ali war aber nicht im Haus",
erklärt Laura Lupe.

Lothar hat
plötzlich einen roten Kopf.

Welche dieser Glasscherben passt in das Loch im Fenster?

Lösung: Glasscherbe Nr. 3 passt in das Loch im Fenster.

Wo ist Felix?

Till weint.
Sein Kater Felix ist weg.
Till hat ihn überall gesucht.
Im Haus, im Garten,
sogar auf dem Spielplatz.

Till läuft zu Laura Lupe,
seiner Freundin.
„Felix ist spurlos verschwunden",
ruft Till aufgeregt.

74

„Keine Sorge.
Wir werden Felix schon finden.
Ich bin doch Detektivin",
tröstet ihn Laura Lupe.

Wo überall hat Till seinen Kater
Felix gesucht? Erzähle.

Da kommt ein Mann
mit einem schwarzen Koffer.
„Der sieht aus
wie ein Katzenräuber",
flüstert Till.
„Vielleicht hat er Felix gestohlen
und in den Koffer gesteckt?"

„Was haben Sie in Ihrem Koffer?",
ruft Laura Lupe frech.

Der Mann öffnet den Koffer.
„Mein Werkzeug. Ich bin Klempner
und flicke hier die Dachrinne",
sagt er freundlich.

Klempner:
Ein Klempner baut und repariert
Rohre und andere Dinge aus Metall.

Detektivin Laura Lupe und Till
suchen weiter nach Kater Felix.
Der Klempner steht auf der Leiter.
Er winkt ihnen zu.
Plötzlich sagt Laura Lupe:
„Natürlich.
Katzen können klettern!"

Sie fährt zur hohen Birke am Bach.
Till rennt hinterher.
Da hören sie ein leises Wimmern.
Ist das Felix?

Laura Lupe schaut
durch ihr Fernglas.
Ja, es ist Felix!
Hoch oben auf der Birke.

„Er kann nicht mehr herunter.
Wir müssen ihm helfen",
sagt Laura Lupe aufgeregt.

Sie holt den Klempner.
Der bringt seine Leiter mit.
Er steigt auf den Baum
und holt Felix herunter.

Till ist glücklich.
„Danke!", sagt er zum Klempner.
„Sie sind kein Katzenräuber.
Sie sind ein Katzenretter!"

Welche Dinge gehören nicht in einen Werkzeugkasten?

Lösung: Ein Ball, eine Milchflasche und eine Katze gehören nicht in einen Werkzeugkasten.

Poffpoff! Poff! „Oho!"

Laura Lupe liegt im Bett.
Es ist Abend.
Sie ist allein zu Hause.

Laura Lupe
kann nicht einschlafen.
Aber sie hat keine Angst.
Denn Laura Lupe
ist ja Detektivin.

Sie kennt die Geräusche im Haus.

Die Uhr in der Küche tickt.

Der Kühlschrank surrt.

Der Dachboden knarrt.

Welche Geräusche hört Laura Lupe und woher kommen sie?

Doch plötzlich hört Laura Lupe
ein neues Geräusch:
Poffpoff! Poff!
Und dann ruft jemand: „Oho!"
Sind das etwa Einbrecher?
Laura Lupe kriecht ganz tief
unter die Decke.

Aber auch dort hört sie es:
Poffpoff! Poff! „Oho!"

Da steht Laura Lupe auf.
Sie nimmt die Taschenlampe
und schleicht leise in die Küche.
Hier hört sie es noch lauter:
Poffpoff! Poff! „Oho!"

Aber hier sind keine Einbrecher.
Vielleicht sind sie
bei den Nachbarn?
Etwa bei den netten Rizzos?

Einbrecher:
Ein Einbrecher ist jemand, der unerlaubt
eine Wohnung oder ein Haus betritt, um
zum Beispiel etwas zu stehlen.

Laura Lupe will es wissen.
Sie schleicht durch den Flur.
Sie horcht bei den Rizzos
an der Tür.

Nun hört sie es ganz deutlich:
Poffpoff! Poff! „Oho!"
Poffpoff! Poff! „Oho!"
Das klingt ja schrecklich!

Was soll sie bloß tun?
Laura Lupe klingelt.

Warum klingelt Laura
Lupe bei den Rizzos?

Da geht die Tür auf.
Vor Laura Lupe steht Herr Rizzo.
Er schwitzt
und hat einen roten Kopf.
Er trägt Boxhandschuhe.

„Haben Sie
die Einbrecher verprügelt?",
fragt Laura Lupe.
Herr Rizzo lacht laut.
„Komm, ich zeige dir,
wen ich verprügelt habe."

Im Schlafzimmer hängt ein Sandsack.
„Den habe ich mir heute gekauft.
Ich boxe jeden Abend dagegen.
Sonst werde ich zu dick",
erklärt Herr Rizzo.

Er boxt gegen den Sack: Poff!
Und Herr Rizzo stöhnt: „Oho!"
Jetzt muss auch
Laura Lupe lachen.

„Willst du auch einmal boxen?",
fragt Herr Rizzo.
Laura Lupe nickt.
Herr Rizzo gibt ihr
die Boxhandschuhe.

Als die Eltern nach Hause kommen,
ist Laura Lupe immer noch
bei den Rizzos und boxt.
Denn mutig sein ist gut.
Aber mutig und stark sein
ist noch viel besser.

Kannst du entziffern, was hier steht?

.NIVITKETED TSI ARUAL

Tipp: Es wird leichter, wenn du es mit einem Spiegel versuchst.

Henriette Wich

Die Vampirzwillinge

Mit Bildern von Dorothea Tust

Bauchlandung

Vladi trommelt aufgeregt
gegen Stanis Sarg.
„Wach auf! Es hat geschneit."
Schnell klappt Stani
den Sargdeckel hoch.
„Stark! Dann können wir
mit unseren Särgen
Schlitten fahren."

Die Vampirzwillinge schultern
ihre Särge.
Vladi flitzt hinaus aus der Gruft.
Stani kommt etwas langsamer nach.

Gruft:
Eine Gruft ist eine Grabstätte, die ent-
weder über oder unter der Erde liegt. In so
einer Grabstätte können eine oder auch
mehrere Personen (z. B. Familiengruft)
liegen.

„Fahr bloß nicht wieder so wild,
Vladi!", mahnt Papa.
„Und mach nichts kaputt."
„Ja, ja", sagt Vladi.
Eigentlich macht er
fast nie was kaputt.
Bis auf den Fledermaus-Vorhang,
den er neulich zerfetzt hat.

Und die Sonnenbrille,
auf die er sich
zufällig gesetzt hat.
Die Vampirzwillinge drücken sich
an Papa vorbei.

Was hat Vladi in letzter Zeit
alles kaputt gemacht?

Bei Mama in der Küche
verputzen sie schnell noch
zwei leckere Blutwürste.

Kamin:
Durch den Kamin kann der Rauch vom
Ofen oder die heiße Luft aus dem offenen
Kamin im Wohnzimmer abziehen, damit im
Haus die Luft nicht voller Rauch ist.

Dann fliegen sie
durch den Kamin.

Hinter der Burg
türmen sich die Berge.
Wie frisch geschliffene Vampirzähne
blitzen sie im Mondlicht.
Vladi saust auf den höchsten Berg.
Keuchend kommt Stani nach.
Vladi legt sich mit dem Bauch
auf seinen Sarg.

Stani setzt sich lieber normal hin.
„Auf die Plätze, fertig, los!", ruft er.
Sofort verwandelt sich Vladi
in eine Schneelawine.

Was benutzen die Zwillinge
als Schlitten?

„Warte!", ruft Stani
und düst hinterher.
Plötzlich explodiert die Lawine.
Es kracht und scheppert.
Bretter fliegen durch die Luft.
Stani bleibt vor Schreck
fast das Herz stehen.
„Vladi!", schreit er. „Ich komme!"

Lawine:
Bei einer Lawine löst sich an einem Berg der Schnee, weil er z. B. zu schwer geworden ist, und stürzt dann mit hoher Geschwindigkeit und großer Kraft den Hang hinunter. Vor allem beim Skifahren sollte man daher immer gut aufpassen, da Lawinen auch für Menschen gefährlich sein können.

Vladi sieht aus
wie ein Schneemann.
„So schnell war ich noch nie",
lacht er.
Stani schluckt und murmelt:
„Zum Glück ist dir nichts passiert."
„Nur dem Sarg ist
leider was passiert", sagt Vladi.

„Den kann ich wegschmeißen.
Mist! Papa ist bestimmt total sauer."
Stani nickt.
„Was soll ich jetzt bloß tun?",
fragt Vladi verzweifelt.
Stani knirscht mit den Eckzähnen.
Das macht er immer,
wenn er scharf nachdenkt.

„Ich hab's!", ruft er schließlich.
„Wir vertauschen die Särge.
Auf mich ist Papa
bestimmt nicht böse."
„Ob er das glaubt?",
sagt Vladi zweifelnd.
„Egal, wir müssen es
einfach versuchen."

Was schlägt Stani Vladi vor, damit
Papa nicht böse auf Vladi ist?
Erzähle.

Zu Hause laufen sie gleich zu
Papa.
Stani schnieft laut.
„Du, Papa, ich bin
über einen spitzen Stein gefahren
und dann ..."
Er hält Papa zwei Sargbretter hin.

Papa schimpft:
„Fährst du jetzt
auch schon so wild
wie Vladi?"

Doch dann nimmt er Stani
in den Arm.
„Hauptsache, ihr seid gesund.
Ich bau dir einen
neuen Sarg, Stani,
aus extra starken Brettern."

Sarg:
Ein Sarg ist eine längliche Kiste, in der
ein Toter begraben wird. Man sagt, dass
Vampire Särge zum Schlafen benutzen.

Stani zwinkert Vladi zu.
Später in der Gruft sagt er:
„Wenn der Sarg fertig ist,
tauschen wir noch mal.
Einen extra stabilen Sarg
kannst du bestimmt
gut gebrauchen!"

„Super!", ruft Vladi,
macht einen Salto
und fegt dabei zufällig
die Kürbis-Lampe von der Decke.

Welche Idee hat Stani?
Erzähle.

Etwas ist hier durcheinander-
geraten. Wenn du die Bildteile in die
richtige Reihenfolge bringst, erhältst
du das Lösungswort.

I P A V R M

Der Knoblauchtrick

Heute müssen Vladi und Stani
zum Zahnarzt,
um ihre Eckzähne
nachschleifen zu lassen.
Die Vampirzwillinge putzen Zähne
vor dem Spiegel.

„Ich will da nicht hin!",
sagt Stani ängstlich.
Wenn er nur an Zahnarzt denkt,
wird ihm schon schlecht.
„Kein Problem", sagt Vladi.
„Wir lassen uns was einfallen."
Stani knirscht mit den Eckzähnen,
aber diesmal hat er keine Idee.

Da schnippt Vladi mit den Fingern.
„Ich hab's!
Ich geh einfach zweimal hin,
erst als Vladi
und dann als Stani!"

Stani fällt Vladi
um den Hals.
Vladi lacht.
„Zwillinge müssen zusammenhalten,
ist doch klar."

Wie will Vladi seinem Bruder
helfen, der Angst vor dem
Zahnarzt hat?
Erzähle.

109

Beim Zahnarzt kommt Vladi
gleich dran.
„Wo ist denn dein Bruder?",
fragt Dr. Kanini.
„Hat der etwa wieder Angst?"
„Nö", sagt Vladi.
„Der kommt später."

Zahnarzt:
Ein Zahnarzt ist jemand, der nachsieht, ob
alle Zähne gesund sind. Wenn er ein Loch im
Zahn findet, dann muss er manchmal bohren.
Viele Leute haben deshalb Angst vor dem
Zahnarzt, denn Bohren kann wehtun.

„Aha", sagt Dr. Kanini und holt
seine Eckzahn-Feile raus.
Vladi macht den Mund weit auf.
Es tut ein bisschen weh,
aber Vladi zählt einfach
die Fledermäuse auf der Tapete.
Und schon ist es vorbei.

„War doch gar nicht schlimm",
sagt Dr. Kanini.
„Stani braucht keine Angst zu haben."
Vladi nickt.
Dann saust er
aus dem Fenster.

Nach drei Runden ums Dorf
landet er wieder bei Dr. Kanini.

Warum fliegt Vladi nach
drei Runden wieder zu
Dr. Kanini? Erzähle.

Er setzt sich so schwungvoll
in den Behandlungsstuhl,
dass die Kopfstütze wackelt.
Dr. Kanini lächelt breit.
„Ah, **Stani**, schön, dich zu sehen."
Vladi macht den Mund weit auf.
Diesmal geht das Schleifen
noch schneller.

Vladi will schon vom Stuhl springen,
da hält ihn Dr. Kanini zurück.
„Warte!"
Dr. Kanini pinselt eine Salbe
auf Vladis Eckzähne,
die stinkt total eklig –
nach Knoblauch!
„Fertig, **Vladi**", sagt Dr. Kanini.
Vladi wird rot und dann grün.
Ihm ist total schlecht.
Bloß weg hier!, denkt er.

Knoblauch:
Knoblauch ist eine Pflanze, die sehr stark
riecht. Man nimmt sie oft zum Würzen von
verschiedenen Gerichten. Man sagt, dass
für Vampire der Geruch von Knoblauch
sehr eklig ist.

Zu Hause stürmt Vladi
sofort zu Stani.
„Er hat es gemerkt!
Der gemeine Kerl hat mir
eine Knoblauchsalbe verpasst.“

„Du Armer!", ruft Stani.
„Hilf mir lieber", sagt Vladi.
„Der Geschmack geht
einfach nicht weg."
Stani klaut vier fette Blutwürste
aus der Küche.
„Los, iss, so viel du kannst!",
sagt er zu Vladi.

Vladi hat gar keinen Hunger,
aber er isst trotzdem.
Nach der vierten Blutwurst ruft er:
„Der eklige Geschmack ist weg!"
Dann fällt er Stani um den Hals.
Und Stani lacht.
„Zwillinge müssen zusammenhalten,
ist doch klar."

Welcher Schatten passt genau zu diesem Bild?

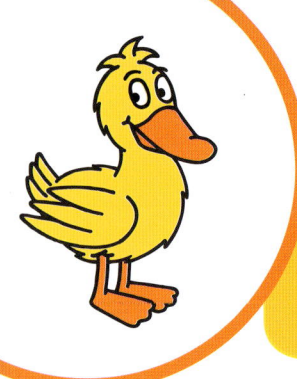

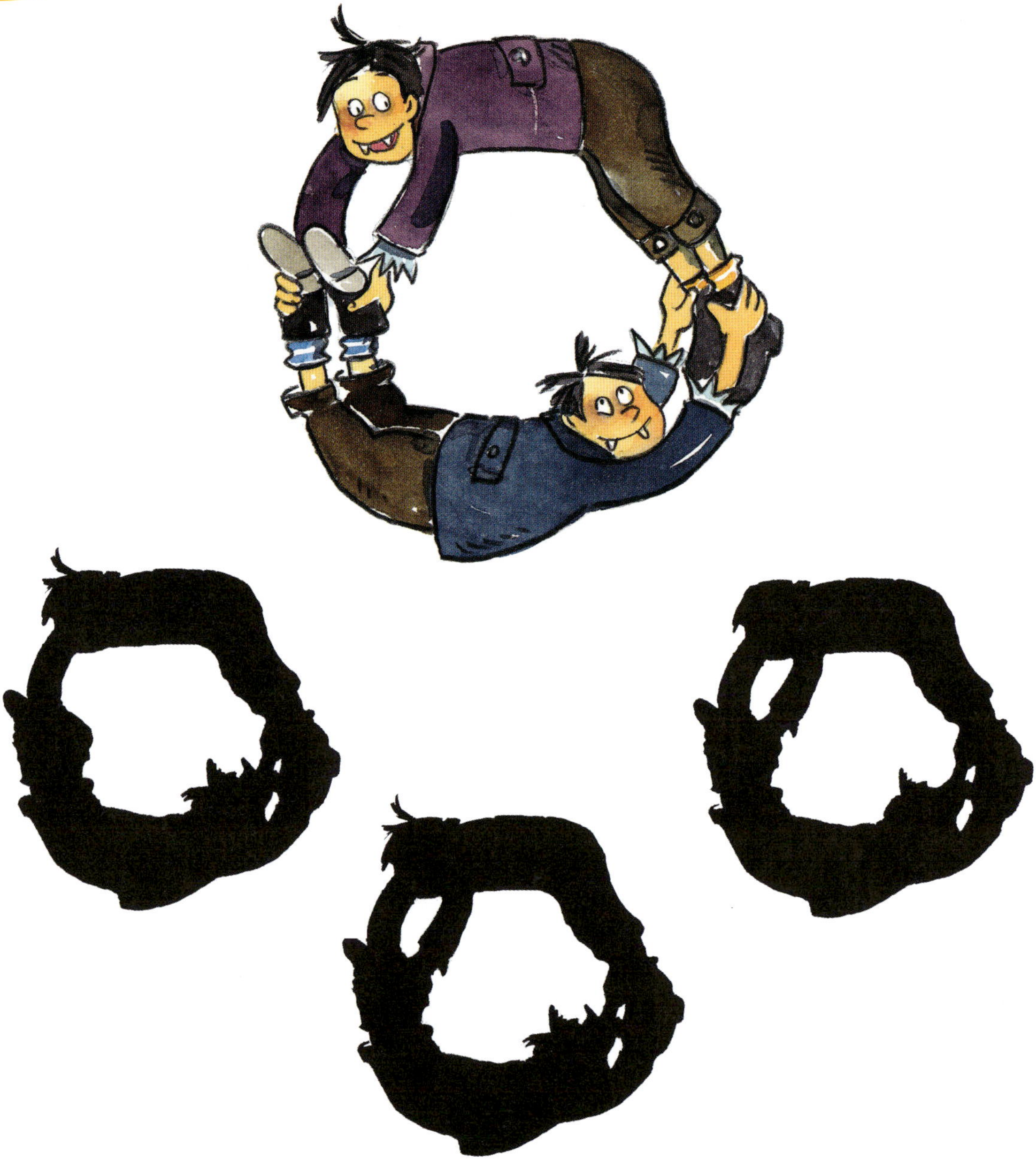

Lösung: Der unterste Schatten ist der richtige.

Stani hebt ab

Vladi und Stani können es
kaum noch erwarten.
In einer Woche ist
das große Wettfliegen!
Da kommen Vampire
aus ganz Transsilvanien.

Doch sechs Tage vorher
kriegt Vladi plötzlich Frostbeulen.
Mama steckt ihn sofort ins Bett.
„Aber ich muss trainieren!",
wehrt sich Vladi.
Mama schüttelt den Kopf.
„Du musst jetzt gesund werden."

Stani setzt sich an Vladis Bett.
„Ohne dich brauche ich
gar nicht erst anzutreten.

Du hast schon so oft gewonnen,
aber ich gewinne sowieso nie was."

„Quatsch!", sagt Vladi.
„Du musst trotzdem mitmachen."
Stani knirscht mit den Eckzähnen.

Frostbeule:
Wenn es sehr kalt ist, kann es
vorkommen, dass man Frostbeulen
bekommt. Dann können die Finger ganz
dick werden und es juckt.

Auf einmal leuchten seine Augen.
„Trainierst du mich?
Dann hab ich vielleicht
eine Chance."
„Klar mach ich das",
sagt Vladi.
Sofort entwirft er
einen Trainingsplan für Stani.

Danach ist er schrecklich müde
und muss erst mal schlafen.

Wann immer es geht,
trainiert Stani.

Was für eine Idee hat Stani?
Erzähle.

Am Anfang fliegt er ganz langsam
und ganz kurz.
Von Tag zu Tag schafft er mehr.
Vladi feuert ihn vom Bett aus an.

Und dann ist er da, der große Tag.
Vladi spuckt Stani
über die Schulter.
„Toi, toi, toi!
Teil dir deine Kräfte gut ein.
Und fang schön langsam an."
Stani nickt.
„Mach ich."

„**Toi, toi, toi!**", sagt man, wenn man jemandem Glück wünscht oder hofft, dass etwas gelingt.

Aufgeregt fliegt er
zum Start beim Burgtor.
Alle Vampire sind schon da.

„Hallo, Kleiner", sagt Mirko.
Und Jurek fragt:
„Traust du dich echt,
ohne Vladi zu fliegen?"
„Klar", sagt Stani.
Mirko und Jurek kichern.

Stani streckt ihnen die Zunge raus.
Und schon knallt der Startschuss.
Die anderen sausen davon,
hinein in die erste Schlucht.
Stani fliegt schön gleichmäßig.
Bei der zweiten Schlucht holt er
die anderen ein.
Nur Boris ist noch vor ihm.
Endspurt!

Jetzt gibt Stani alles.
Da vorne ist das Ziel.
Stani saust über die Zielgerade.
Ganz knapp hinter Boris.
„Hurra!", brüllt Stani.
Kurz darauf steht er neben Boris
auf dem Siegertreppchen.

Auf welchem Platz landet Stani?

Er kriegt den zweiten Preis:
„Fang die Fledermaus",
ein Spiel mit lebendigen
Fledermäusen.

Zu Hause sagt Vladi zu Stani:
„Von wegen, du gewinnst
sowieso nie was!"
Stani grinst.
„Ohne dich hätte ich
das nie geschafft."
Die Vampirzwillinge spielen
so lange „Fang die Fledermaus",
bis Vladi wieder ganz gesund ist.

Stani beobachtet die Gruppe wartender Vampire.
Er hat etwas ganz anderes entdeckt als die Fledermaus, auf die der Junge zeigt. Was ist es?

Lösung: Stani sieht eine zweite Fledermaus hinter der gelben Ente.

Ursel Scheffler

Drei furchtlose Räuber

Mit Bildern von Hannes Gerber

Die drei Räuber

Es waren drei wilde Kerle.
Sie hießen Jim, Jo und Luke.

Postkutsche:
Eine Postkutsche brachte früher die Post
und Reisende von einem Ort zum anderen.

Ihr Steckbrief hing überall
im Wilden Westen.
Keine Postkutsche
war vor ihnen sicher.
Sie raubten,
was sie kriegen konnten.

Eines Morgens
lagen sie wieder auf der Lauer.
„Da hinten kommt eine Kutsche.
Beladen bis oben hin!", rief Jo.

„Auf sie mit Gebrüll!", rief Jim.
Sie stürmten durch die Hecke.

Was gehört nicht in den Wilden Westen?

Lösung: Eine Piratenflagge, eine Zange und Rollschuhe gehören nicht in den Wilden Westen.

Der Überfall

Luke schnappte sich
den Kutscher.
Jim riss die Tür auf.
„Aussteigen!", rief Jo
und fuchtelte mit dem Colt.
Kreidebleich kletterten
die Reisenden
aus dem
Wagen.

Jim und Luke
plünderten ihre Taschen.
Jo fesselte sie.

Colt:
Ein Colt ist eine Pistole, die besonders oft von Räubern im Wilden Westen benutzt wurde.

Dann schleppten sie
die Gefangenen
hinter ein Gebüsch.

„Am besten rauben wir
gleich die ganze Kutsche!",
rief Jim übermütig.
„Bestimmt ist einiges drin,
was wir brauchen können!"

Luke schnupperte.
„Es riecht
nach gebratenem
Hühnchen!"
Er wollte danach suchen.

Was machen die drei Räuber
mit der Kutsche?

„Stopp! Du Fresssack!
Du wirst wohl noch warten können!",
rief Jim verärgert.
Er band sein Pferd an den Wagen
und kletterte auf den Kutschbock.

„Hüahott!", rief Jim
und schwang die Peitsche.
Ab ging die wilde Fahrt!

Jo und Luke preschten
auf ihren Pferden voraus.
Sie fuhren durch steiniges Gelände,
damit man von Kutsche und
Pferden keine Spuren sah.
Dann verschwanden sie
in den Bergen.

„Hier findet uns keiner!",
sagte Jo, als sie
um das Lagerfeuer saßen.
„So lässt es sich aushalten!",
schmatzte Jim.

Er knabberte an
einem Hühnerbein.

Lagerfeuer:
Ein Lagerfeuer ist ein Feuer, das
angezündet wird, wenn man im Freien
übernachtet. Man kann darauf kochen, es
wärmt und schützt.

„Hört mal, was ist das?",
rief Luke plötzlich.
Aus der Kutsche drang
lautes Schnarchen.
Jim sprang hoch
und riss die Tür auf.
Das Schnarchen kam
aus einer Felldecke in der Ecke!
„Da ist jemand",
rief Jim erschrocken
und zog den Colt.
„Nicht schießen,
erst nachsehen",
sagte Jo besonnen.
Mutig kletterte er
in die Kutsche.

Kurz darauf hörte man
wildes Geschrei.
„Wirst du mich wohl
ausschlafen lassen,
du Lümmel!"

Was hören die drei Räuber?

In diesen beiden Bildern haben sich fünf Unterschiede eingeschlichen. Findest du sie?

 A

Finde die Fehler.

B

Finde die Fehler.

Lösung: A Dach, Lampe am Haus, Schriftzug am Dach, Schornstein rechtes Dach, außen Säule am Haus
B Fuß, Hut, Hosenträger, Vogelschwanzfeder, Fass Nägel oben

Polly Conolly

Jetzt kam Jo wieder
aus dem Wagen.
Er schob eine zappelnde
dünne Person vor sich her.

Es war Polly Conolly,
eine Köchin aus Boston.
Sie hatte ihr Leben lang
in einer Hotel-Küche gearbeitet.

Jetzt wollte sie sich
einen Traum erfüllen und Abenteuer
im Wilden Westen erleben.
Sie war natürlich wütend,
dass sie den Überfall
verschlafen hatte.
Nur weil sie so viele Baldrian-Pillen
gegen die Reise-Krankheit
eingenommen hatte.

Baldrian-Pillen werden aus Baldrian
gemacht. Das ist eine Pflanze, die als
Pillen, Tropfen oder Tee gekauft werden
kann und beruhigt und müde macht.

„Wie – wie kommt die Tante
in die Kutsche?",
rief Jo erschrocken.

„Durch die Tür, du Dummkopf",
knurrte Polly.

„Und was machen wir jetzt
mit der Alten?",
überlegte Luke.

„Aufhängen",
fauchte Jo.

„In den Fluss werfen", rief Jim.

„Lasst uns erst drüber schlafen",
sagte Luke versöhnlich
und gähnte.

Was schlagen die einzelnen
Räuber vor, was sie mit Polly
machen sollen?

Sie banden
die wütende Polly
an einem Baum fest.
Jo stopfte ihr
für eine Weile
den Mund mit einer
alten Socke.

Als die drei Räuber
am nächsten Morgen aufwachten,
gähnte Luke und sagte:
„Was gäbe ich
für einen leckeren Pfannkuchen!
Mit Ahornsirup!"

„Kannst du sofort kriegen",
brummte Polly.
„Binde mich los!"

„Pfannkuchen mit Ahornsirup?",
rief jetzt auch Jim interessiert.

Ahornsirup ist ein süßer, dickflüssiger
Saft, der aus dem Ahornbaum gewonnen
wird. Man isst ihn oft zu Pfannkuchen und
anderen Leckereien.

„Nichts leichter als das", sagte Polly.
„Wette meinen hübschen Schirm
gegen deinen alten Hut,
dass du noch nie
bessere gegessen hast!"

„Das wird sich herausstellen",
sagte Luke und band Polly los.
Die Räuber hatten seit Wochen
nichts Warmes gegessen!

„Macht Feuer!", befahl sie.
Bald duftete es herrlich
nach Pfannkuchen.
„Ein Glück, dass wir dich nicht
aufgehängt haben", schmatzte Jo.
„Ein Glück, dass wir dich nicht
in den Fluss geworfen haben!",
sagte Jim und leckte sich die Finger.

Als Polly an den Baum gefesselt wurde, hat sie einen Ohrring verloren. Kannst du ihn finden?

Lösung: Der Ohrring ist zwischen die Baumwurzeln gefallen.

Die Schmatzkiste

Die drei Räuber
beobachteten gespannt,
wie Polly aus der Holzkiste
auf dem Kutschendach
alles, was sie zum
Kochen brauchte,
herunterholte.

„Schmatz! Da haben wir ja
ein echtes Schätzchen geraubt!",
grinste Luke beim Abendessen.
Es gab Kaninchen mit Rotkohl.
Zum Nachtisch holte Polly
Schokoladen-Kekse aus ihrer Kiste.
„Du hast zwar keine Schatzkiste,
aber eine Schmatzkiste, hihihi!",
scherzte Jo.
„Leider werde ich es
nicht lange bei euch aushalten",
sagte Polly und rümpfte die Nase.
„Ihr stinkt mir zu sehr.
Ihr müsst euch waschen!"
Murrend gingen die drei zum Fluss
und wuschen sich.
Sogar die Füße und den Po,
die Bärte und die Haare.
„Na gut!", sagte Polly.

Die Räuber waschen sich und haben ihre Kleider neben den Stein gelegt. Die Pistole im Gürtel fehlt. Sie ist herausgefallen. Findest du sie?

Lösung: Die Pistole liegt im Korb.

Das neue Räuberleben

„In dieser feuchten Höhle
krieg ich Rheuma und sterbe bald",
seufzte Polly drei Tage später.
„Wir könnten ein Blockhaus bauen",
schlug Leckermaul Luke vor.
„Aber bleib bei uns und koche!"
„In Ordnung", seufzte Polly.

„Kein Problem", sagte Polly.
„Man wird euch nicht mehr erkennen.
Schaut doch in den Spiegel!"

Polly behielt recht.
Ihre drei Räubersöhne
sahen kein bisschen mehr
wie Räuber aus!

Warum glaubt Luke, nicht zum
Rodeo gehen zu können?

Beim Tanz nach dem Rodeo
rissen sich
die jungen Mädchen darum,
mit ihnen zu tanzen.

Luke verliebte sich in Lara,
eine hübsche Farmerstochter.

Rodeo ist eine Sportart, bei der Reiter versuchen, auf einem wilden Pferd zu reiten, ohne dass sie abgeworfen werden.

Er heiratete sie
und bekam sieben Kinder.

Jim eröffnete einen Saloon.
Dort kochte er Spaghetti
nach den Rezepten,
die ihm Polly beigebracht hatte.

Was wurde aus den drei
Räubern?

Jo wurde Sheriff in dem kleinen Ort
und sorgte für Recht und Ordnung.

Und Polly?
Der wurde es bald zu langweilig.
Sie beschloss eines Morgens,
heimlich davonzureiten.

Sie wollte endlich die aufregenden
Wild-West-Abenteuer erleben,
von denen sie als Köchin
immer geträumt hatte ...

In diesem Bild haben sich 3 kleine Mäuse versteckt. Findest du sie?

Spannende Sachinformationen mit der Maus ergänzen die Geschichten und regen zum Nachfragen und Nachdenken an.

Konkrete Inhaltsfragen mit dem Elefanten ermutigen zum Erzählen und Beschreiben und fördern so das Textverständnis.

Lustige Rätsel mit der Ente am Ende jeder Geschichte fördern die Konzentration und machen Spaß.

ISBN 978-3-7607-6852-6

Auch zu bestellen unter:

www.arsedition.de

Erlebe Abenteuer
mit Hase und Holunderbär!

ISBN 978-3-7607-3630-3

ISBN 978-3-7607-3631-0

ISBN 978-3-7607-4139-0

ISBN 978-3-7607-3648-8

ISBN 978-3-7607-4452-0

ISBN 978-3-7607-6409-2

Auch zu bestellen unter:

www.arsedition.de

DIE PAPPENBURGER

ISBN 978-3-7607-6361-3   ISBN 978-3-7607-6362-0

In Pappenburg ist immer was los! Onkel Jo baut eine
Mondrakete und Bert und Jogi helfen mit. Als die
Rakete starten soll, kann Tante Pipsi nicht mitfliegen,
weil sie noch Wäsche aufhängen muss. Leider!
Egal ob sich in Pappenburg königlicher Besuch
ankündigt oder ob die Pappmeiers im Pappenburger
Weiher auf Schatzsuche gehen – in dieser Stadt
kann man was erleben!

Auch zu bestellen unter:

www.arsedition.de